MINISTÈRE DES TRAVAUX PUBLICS.

PORTS MARITIMES
DE LA FRANCE.

NOTICES
SUR LES PORTS
DE
CHERCHELL ET TIPAZA,

PAR M. MEUNIER,
INGÉNIEUR EN CHEF DES PONTS ET CHAUSSÉES.

PARIS.
IMPRIMERIE NATIONALE.

M DCCC XC.

PORTS

DE

CHERCHELL ET TIPAZA.

MINISTÈRE DES TRAVAUX PUBLICS.

PORTS MARITIMES
DE LA FRANCE.

NOTICES
SUR LES PORTS
DE
CHERCHELL ET TIPAZA,

PAR M. MEUNIER,
INGÉNIEUR EN CHEF DES PONTS ET CHAUSSÉES.

PARIS.
IMPRIMERIE NATIONALE.

M DCCC XC.

PORT DE CHERCHELL.

CHAPITRE PREMIER.

RENSEIGNEMENTS GÉOGRAPHIQUES ET HYDROGRAPHIQUES.

§ 1er. SITUATION GÉNÉRALE.

Le port de Cherchell est sensiblement à égale distance d'Alger et de Ténès, un peu au Sud d'une ligne joignant le cap Ténès à la pointe du Chenoua. Entre ces deux points, la côte court de l'O. 10° S., à l'E. 10° N.; elle est bordée parallèlement par la chaîne du Dahra et les montagnes des Beni-Menasser et ne présente que des inflexions trop peu prononcées pour offrir un abri aux navires; on y trouve seulement quelques petites criques accessibles à des embarcations de faible tonnage.

La ville de Cherchell est située sur le bord d'une baie légèrement abritée des vents d'Est et d'Ouest par deux pointes un peu saillantes, la presqu'île de Joinville et la pointe Zizirin.

A l'Ouest, et près de Cherchell, les petits fonds de roche vont assez loin au large : à 1,200 mètres à l'Ouest de la presqu'île de Cherchell, on trouve encore un plateau rocheux de 10 à 11 mètres de fond.

La pointe Zizirin, ou des Moulins, est une presqu'île d'une vingtaine de mètres de hauteur, reliée au continent par une langue étroite de terre formant dans l'Est une crique de débarquement bien abritée des vents d'Ouest.

§ 2. ATTERRAGES.

La position de Cherchell est facile à reconnaître du large : de quelque direction que l'on vienne, on aperçoit le massif avancé du Chenoua, haut de 900 mètres et visible de 20 lieues. La grande chaîne de la Mouzaïa et la profonde coupure formée par les gorges de la Chiffa sont également visibles du large et constituent d'excellents points de reconnaissance.

Deux phares du 1er ordre situés, l'un au cap Ténès, l'autre au cap Caxine, assurent la reconnaissance de cette partie de la côte pendant la nuit. L'éclairage est complété, entre ces deux phares de grand atterrage, par les phares de Cherchell et de Tipaza.

Le phare de Cherchell est construit à 37 mètres de hauteur, au centre de la presqu'île de Joinville. C'est un phare du 3e ordre, à feu fixe blanc, visible à 16,4 milles pour un état moyen de l'atmosphère; ses coordonnées géographiques sont : 0° 8′ 50″ longitude Ouest, 36° 36′ 50″ latitude Nord.

Les navires peuvent mouiller, en été, à 2 ou 3 encablures entre le N. N. E. et le N. N. O. du phare, par 15 à 20 mètres de fond de sable et de roche; en hiver, on ne doit s'arrêter à ce mouillage qu'à la condition de se tenir prêt à prendre le large aux premiers signes de mauvais temps; le mouillage est en effet complètement ouvert et la mer y devient grosse très rapidement.

Le port est un bassin creusé en arrière de la presqu'île de Joinville; l'entrée, ouverte dans le N. E., est abritée par une jetée portant le nom de jetée Joinville; le bassin n'est accessible qu'aux navires d'un tirant d'eau inférieur à 4 mètres. L'entrée et la sortie sont rendues difficiles par une ligne de brisants qui bordent la côte à petite distance de la passe; elles deviennent à peu près impossibles quand le vent du large souffle un peu fort. Deux feux de port marquent l'extrémité de la jetée Joinville et l'entrée de la passe.

§ 3. COURANTS, VENTS, CLIMAT.

Le courant général de l'Ouest à l'Est, n'étant pas influencé par les faibles saillies de la côte, porte ordinairement vers l'Est aux abords de Cherchell.

Le régime des vents locaux ne paraît pas avoir fait l'objet d'observations suivies; les indications générales données à ce sujet montrent que le régime des vents est le même à Cherchell que sur la partie Ouest de la côte de l'Algérie : les vents régnants sont, en été, ceux du N. E.; en hiver, ceux du N. O.

La brise du large, qui s'élève régulièrement chaque jour pendant la belle saison, tempère les chaleurs de l'été; les montagnes qui dominent Cherchell au Sud abritent la ville contre le vent chaud du Sud, aussi le climat y est-il généralement fort agréable.

§ 4. VILLE DE CHERCHELL.

Communications. Population. — La ville de Cherchell est située au pied d'une chaîne de collines parallèle à la côte; la crête, élevée de 210 à 220 mètres, n'est qu'à 1 kilomètre et demi environ du rivage; deux contreforts se prolongeant jusqu'à la mer, à l'Est et à l'Ouest, complètent l'enceinte naturelle qui limite le territoire de Cherchell.

La ville actuelle n'occupe qu'une faible partie de ce territoire; elle est entourée d'une enceinte fortifiée percée de trois portes par lesquelles pénètrent les trois routes qui desservent Cherchell.

La plus importante est la route d'Alger : elle passe au village de Zurich, franchit le seuil peu élevé qui relie les montagnes des Beni-Menasser au massif du Chenoua et entre, par Marengo, dans la plaine de la Mitidja où elle rejoint, à la station d'El-Affroun, la ligne du chemin de fer d'Alger à Oran.

La route de l'Ouest doit prochainement relier Cherchell à Ténès; mais elle n'est encore accessible aux voitures que jusqu'au village de Villebourg; elle dessert plusieurs villages élevés sur les ruines ou près des ruines des établissements des Romains sur cette partie du rivage; la culture de la vigne réussit bien dans cette région et paraît devoir assurer le succès de la colonisation.

Vers le Sud, Cherchell est relié directement à Miliana par une route traversant le pays montagneux des Beni-Menasser; cette route présente des pentes excessives et n'est presque plus fréquentée aujourd'hui.

La ville a été entièrement rebâtie depuis l'occupation française; les constructions arabes ont disparu, sauf l'ancienne mosquée transformée en hôpital, et ont été remplacées par des maisons d'habitation ne présentant aucune particularité.

Les ruines des monuments romains, longtemps exploitées comme carrières, sont encore assez importantes pour témoigner de la grandeur et du luxe de l'ancienne capitale de la Mauritanie[1]. Les citernes romaines, restaurées par les Français, sont encore utilisées aujourd'hui pour emmagasiner les eaux captées au pied de la chaîne des collines dominant Cherchell.

La population totale, d'après le dénombrement de 1886, est de 8,131 habitants, savoir :

Population municipale :	
1° Français d'origine ou naturalisés	1,362
2° Israélites naturalisés par le décret du 24 octobre 1870 ou nés d'Israélites naturalisés	37
3° Sujets français (Arabes, Kabyles, Mzabites)	5,851
4° Nationalités diverses	715
Total	7,965
Population comptée à part conformément à l'article 2 du décret du 5 avril 1886	166
Total général	8,131
La population agglomérée n'est que de	3,341

[1] Les plus intéressantes à visiter aujourd'hui sont celles du palais des Thermes, à l'Ouest de la ville; on procède depuis peu à des fouilles régulières qui ont mis au jour des mosaïques bien conservées et des statues retrouvées au milieu des débris recouvrant le sol sur plusieurs mètres de hauteur. L'hippodrome, le théâtre et le cirque sont encore très nettement indiqués par la forme du terrain sous lequel les constructions ont disparu. Il faut mentionner aussi plusieurs aqueducs qui amenaient autrefois à Cherchell les eaux dérivées dans la vallée de l'oued el Hachem.

CHAPITRE II.

RENSEIGNEMENTS HISTORIQUES.

§ 1er. OCCUPATION ROMAINE.

La fondation de Cherchell remonte très probablement à l'époque du développement de la puissance de Carthage : elle portait alors le nom de Iol.

Elle devint, un siècle environ avant l'ère chrétienne (en — 105), la capitale du royaume formé par les Romains, sous l'autorité de Bocchus, roi de Mauritanie, après la défaite de Jugurtha. Ce royaume, qui s'étendait jusqu'à Bougie, divisé entre les fils et les petits-fils de Bocchus, ne fut reformé que sous Bocchus III, qui reçut l'investiture d'Octave et mourut à Iol, sa capitale.

Les Mauritanies restèrent sous l'autorité directe d'Octave, qui fonda plusieurs colonies dans la région voisine de la côte, jusqu'au jour où, devenu empereur, il crut devoir donner aux habitants du Nord de l'Afrique un souverain de leur race, sans doute pour faciliter l'assimilation des indigènes et préparer leur réunion définitive à l'Empire. Son choix se porta sur Juba, fils de l'ancien roi de Numidie. Amené à Rome après la défaite de son père, Juba s'y était façonné aux mœurs romaines et y avait pris le goût des lettres et des arts. Le royaume constitué sous son autorité à l'Ouest de l'Ampsaga (oued el Kébir, province de Constantine), reçut Iol pour capitale.

La ville fut, sinon rebâtie, du moins tellement augmentée, que Strabon en parle comme si Juba II en eût été le véritable fondateur; peut-être faut-il attribuer à son règne la construction du port romain.

Il est certain que Juba embellit sa capitale de superbes monuments et en fit une des villes les plus luxueuses du Nord de l'Afrique : il changea son nom en celui de Césaréa, en l'honneur d'Auguste : « *Iol ad mare, aliquando ignobilis, nunc, quia Jubæ regia fuit et quod Cæsarea vocitatur, illustris.* » (Pomponius Mela. Description de l'Afrique, la Numidie.)

Juba vécut presque constamment à Césaréa et y mourut en l'an 23 de l'ère chrétienne, après un règne de quarante ans; il fut enseveli non loin de sa capitale, dans un mausolée élevé à l'Est de Césaréa pour servir de sépulture à la famille royale. Ce monument, signalé par Pomponius Mela qui l'appelle « *Monumentum commune regiæ gentis* », a reçu aussi les restes de la femme de Juba II, Cléopâtre Séléné, fille d'Antoine et de la fameuse Cléopâtre.

Ptolémée, fils de Juba, succéda à son père, mais il était loin d'avoir ses hautes qualités. Enfermé dans ses palais, il s'adonna au luxe et aux plaisirs, abandonnant à ses favoris la direction des affaires. Attiré à Rome par Caligula, il y fut assassiné par ordre de l'empereur. La Mauritanie ne put être cependant définitivement réunie à l'Empire qu'après de nouvelles campagnes contre les Maures, soulevés par l'affranchi Edemon, pour venger la mort tragique du roi de Mauritanie.

L'empereur Claude partagea le royaume de Ptolémée en deux provinces séparées par la Mulucha (la Macta) : la Mauritanie Tingitane à l'Ouest, et la Mauritanie Césarienne à l'Est, avec Césaréa pour capitale (42 ou 43 ans après Jésus-Christ); c'est encore l'empereur Claude qui accorda à Césaréa le droit de colonie.

Pendant près de trois siècles, la civilisation romaine put se développer dans les provinces du Nord de l'Afrique, bien que la tranquillité y ait été troublée à plusieurs reprises, soit par les insurrections des Maures, soit par les gouverneurs eux-mêmes qui, souvent, prenaient part aux luttes entre les divers compétiteurs à l'Empire romain.

Le christianisme s'était rapidement développé en Afrique, et dans aucune région du monde ancien il ne fut plus florissant.

Césaréa était la métropole de la Mauritanie Césarienne; comme les autres parties de l'Afrique, cette ville fut ensanglantée par les persécutions et les guerres civiles qu'engendra le schisme des Donatistes.

En 372, Firmus, l'un des plus puissants chefs Maures, profitant de l'indignation causée par la tyrannie du comte Romanus, soulève la population qui, de toutes parts, inquiète les colonies romaines et harcèle les garnisons. Il bat Romanus, assiège et prend Césaréa malgré la muraille qui vient d'être élevée à la hâte, et la livre au pillage et à l'incendie.

Le comte Théodose, qui venait de donner en Gaule et en Bretagne la preuve de ses hautes qualités, tant comme administrateur que comme général, est envoyé en Afrique. Après une première victoire, il reprend Césaréa, y laisse deux légions pour défendre et relever la ville, et rétablit dans leurs fonctions les divers magistrats expulsés par la révolte.

Quelques années plus tard, pendant la minorité d'Honorius, Gildon, gouverneur nommé par Théodose le Grand, essaye de se rendre indépendant et écrase la colonie sous une épouvantable tyrannie; une nouvelle guerre est nécessaire pour rétablir l'autorité de l'empereur.

Une période de tranquillité de trente ans à peine sépare la répression de ce soulèvement de l'invasion vandale.

§ 2. INVASION VANDALE.

En 429, Genséric, appelé par Boniface, gouverneur de l'Afrique, malgré les exhortations de saint Augustin, évêque d'Hippone, traverse le détroit de Gadès (détroit de Gibraltar); les tribus du Sud et les Maures attirés par l'espoir du pillage, les Donatistes désireux de former une église distincte, se joignent aux Vandales. Les Mauritanies sont envahies; Césaréa est saccagée et pillée.

Boniface tente en vain d'arrêter les Barbares qu'il a appelés : il est refoulé sur tous les points; après les Mauritanies, la Numidie est bientôt couverte de ruines; Boniface meurt, rien n'arrête plus Genséric : en 439 il prend Carthage, et devient maître de toute l'Afrique septentrionale. Après plusieurs vaines tentatives pour reconquérir l'Afrique, Zénon, reconnaissant l'inutilité de ses efforts, traite avec Genséric et reconnaît le royaume que les Barbares viennent de créer (476).

Sous les successeurs de Genséric, les Vandales, amollis par la douceur du climat, s'abandonnèrent au luxe et à l'indolence, et devinrent impuissants à maîtriser les tribus sauvages que Genséric avait dominées.

L'expédition de Bélisaire, envoyé par Justinien en 533, mit un terme à ces luttes et fit succéder la domination gréco-byzantine à la domination vandale en Afrique; l'occupation de Césaréa par Jean, un des lieutenants de Bélisaire, marqua le début de cette expédition.

L'Afrique fut alors divisée en sept provinces, et quatre grands commandements militaires y furent constitués. Césaréa devint le siège de l'un d'eux et reçut une garnison romaine.

Le départ de Bélisaire est le signal d'un nouveau soulèvement des Maures et des Gétules qui ne supportent pas plus aisément le pouvoir des Gréco-Byzantins que celui des précédents possesseurs de l'Afrique; la Mauritanie Césarienne reste tributaire des Maures malgré une victoire de Salamon, successeur de Bélisaire. Les Maures interceptent et occupent tout le pays, sauf Ceuta et Césaréa où les Byzantins ne peuvent se rendre que par mer. (Procope.)

Les périodes de calme ou de guerre se succèdent ainsi en Afrique, suivant l'habileté ou l'incapacité des gouverneurs. Vers 565, Gasmul, roi des Maures, s'empare de Césaréa et s'y établit, mais il est tué lui-même en combat singulier par Germadius, vice-roi d'Afrique.

Plus tard, Héraclius croit pouvoir compter sur la tranquillité du pays et en tire des renforts considérables pour l'aider dans la guerre qu'il soutient contre les Perses; de nouveaux ennemis, les

Goths d'Espagne, profitent de cet affaiblissement pour envahir l'Afrique à leur tour; sous la conduite de Suinthilas, ils traversent le détroit et s'emparent de plusieurs villes de la Césarienne. Césaréa, défendue par une solide enceinte, fit une résistance longue et acharnée, dont ses monuments et ses environs eurent fort à souffrir; elle finit cependant par tomber au pouvoir des Goths.

§ 3. INVASION ARABE ET OCCUPATION TURQUE.

Au siècle suivant, c'est de l'Orient qu'arrivent les envahisseurs : les Arabes, après avoir soumis l'Égypte, fondent sur l'Afrique et la soumettent à son tour malgré la résistance que leur opposent les Berbères toujours jaloux de toute domination. Puis, peu à peu, les races se mêlent, les religions se confondent et, pendant plusieurs siècles, l'histoire d'Afrique est remplie des récits des luttes entre les factions et les tribus qui se disputent le pouvoir.

Césaréa, plusieurs fois saccagée, souvent prise et reprise depuis l'époque de sa splendeur, n'était sans doute plus qu'un village peu important : pendant la durée de l'Empire romain, elle dut sa prospérité à sa situation de ville maritime et à la facilité de ses relations avec Rome; mais, sous la domination arabe, c'est dans le Sud, et non sur les rivages de la mer, que se déplacent et guerroient les tribus arabes; les villes où se développe la civilisation arabe sont généralement loin de la côte.

Edrissi parle de Cherchell comme d'une ville de «peu d'étendue, mais peuplée et arrosée par des eaux courantes, produisant beaucoup de fruits et notamment des coings d'une grosseur énorme (littéralement : *gros comme de petites citrouilles*) et d'une qualité très estimée».

Cherchell ne joue dans l'histoire de cette époque qu'un rôle très effacé. Ibn-Khaldoun nous apprend cependant qu'en l'an 1300 elle ouvrit ses portes au sultan mérinide Abou-Yakoub-Yousef.

D'après Léon l'Africain, cette ville aurait même été abandonnée et serait demeurée déserte pendant les guerres des souverains de

Tlemcen contre ceux de Tunis, environ 300 ans avant la prise de Grenade par les chrétiens (1492). Cette indication concorde mal avec celle que donne Ibn-Khaldoun; on doit toutefois en conclure que Cherchell n'était plus qu'un village sans aucune importance; les habitants occupaient sans doute les maisons anciennes remises tant bien que mal en état de servir d'abri.

Des Maures chassés des côtes d'Espagne après la prise de Grenade, vinrent s'établir à Cherchell; habitués depuis longtemps à la mer, tous étaient d'excellents marins; les forêts du voisinage fournissaient les bois nécessaires à la construction de leurs navires; les restes du port romain donnaient un abri à leur flotte et la forteresse rétablie sur l'Îlot les protégeait contre toute attaque par mer; aussi la ville de Cherchell devint-elle rapidement un vrai nid de pirates.

Un certain turc, nommé Kara-Hassan, ami et ancien compagnon d'Aroudj Ier (Barberousse) et corsaire comme lui, s'y était constitué un petit État; cette population de pirates avait reconnu volontiers pour chef un homme des plus renommés dans leur profession. Les avantages de la position attirèrent l'attention d'Aroudj, appelé à Alger pour chasser les Espagnols du Penon; il ne pouvait, sans danger pour la réussite de ses projets ambitieux, laisser se développer à côté de lui une pareille entreprise; aussi, s'arrêtant à peine à Alger, il marche sur Cherchell, donne rendez-vous à son ami Kara-Hassan et lui fait couper la tête (1516).

Une garnison turque était laissée dans cette ville pour assurer la domination de Barberousse et réprimer la moindre tentative de révolte. La forteresse de l'Îlot parut sans doute trop éloignée de la ville pour contenir les habitants, car on construisit aussitôt, dans la ville même, une citadelle turque qui porta le nom de *fort de Cherchell*, ainsi qu'en témoigne une inscription arabe du musée de Cherchell qui a figuré pendant plus de trois siècles au-dessus de l'entrée du fort. Elle a été gravée sur le dessous d'une base antique en marbre blanc; en voici la traduction :

« Au nom de Dieu clément et miséricordieux! — Que Dieu répande ses bénédictions sur notre Seigneur Mahomet et sur sa famille! — Ceci est le fort de Cherchell qu'a fait construire le caïd Mah'moud-ben-Farès-ès-Zaki (*le pieux*) pendant le gouvernement et par ordre de l'émir qui exécute les ordres de Dieu, qui combat dans la voie de Dieu, Aroudj-ben-Yak'oub, à la date de l'année 924 (1518). »

Cette forteresse subsistait encore au moment de l'occupation française : on lui donna le nom de Fort-Royal. Elle a été rasée récemment pour faire place à une promenade publique.

Les puissances européennes cherchèrent à détruire les corsaires à Cherchell, comme sur les autres points de la côte où venait de s'établir la domination turque, mais sans plus de succès.

En 1531, André Doria poursuit jusqu'à Cherchell une flotte algérienne; les corsaires abandonnent leurs galères qui ne tardent pas à être détruites et cherchent un refuge en ville et dans le fort. Les troupes espagnoles veulent poursuivre l'ennemi sur terre; elles pénètrent en ville; mais aveuglées par le succès elles se débandent pour se livrer au pillage. Les Turcs en profitent pour faire une sortie vigoureuse et les rejeter dans leurs embarcations, non sans leur faire de nombreux prisonniers.

Malgré l'insuccès du débarquement, André Doria eut la satisfaction d'avoir détruit complètement l'escadre algérienne qui se proposait, paraît-il, d'aller vers Cadix ravager les côtes de la Péninsule.

Les Turcs d'Alger conservèrent Cherchell jusqu'à l'occupation française. Ils eurent sans doute à se défendre plus d'une fois contre les tribus remuantes des montagnes voisines; ils avaient construit, en effet, à une petite distance au Nord des sources de l'Haschem, une forteresse et y entretenaient une garnison de Maures et d'Arabes pour prévenir les incursions des Beni-Menasser.

L'auteur d'une *Description de l'Afrique* traduite du flamand par O'Dapper (en 1686), signale à Cherchell l'existence de « beaux restes d'un superbe temple que les Romains y avaient bâti et que les Arabes épargnèrent du temps de Cain, calife de Kairouan »; la ville est encore entourée de hautes murailles en pierres de taille et « les remparts[1] sont garnis d'oliviers, de vignes et de mûriers pour nourrir les vers à soie ».

Les Turcs utilisaient à l'occasion les ressources de Cherchell pour y préparer leurs expéditions contre les côtes de la Méditerranée. La ville était défendue par une forteresse armée d'une batterie de 18 à 20 pièces de 12 à 15 livres sur des bastions terrassés.

On armait pour la course sous la protection de cette batterie une frégate et une polacre, quand Duquesne arriva devant Alger en juillet 1682. Informé de ces préparatifs par un esclave livournais qui avait réussi à quitter Alger, Duquesne donna l'ordre d'aller brûler ces deux vaisseaux. « Ce qui fut heureusement exécuté et avec autant d'intrépidité et de conduite qu'on ait jamais remarqué dans une action, nonobstant le feu continuel des canons et de la mousqueterie que faisaient tous les forts de cette place et la côte toute bordée de mousqueterie ennemie; ceux qui se distinguèrent dans cette occasion étaient M. le chevalier de Rouanès... Ce détachement fut fait par M. La Maurinière, lieutenant du *Saint-Esprit* : 4 vaisseaux et 8 galères furent, pour cela, détachés de l'armée navale; il faut être Français pour exécuter de pareilles choses; il y en eut quelques-uns de blessés et de tués qu'on passe sous silence[2]. »

Un demi-siècle plus tard, Cherchell est visitée par le voyageur anglais Shaw; « elle est en grande réputation, dit-il, pour la fabrication de l'acier, de la vaisselle de terre et des articles de fer que demandent les Kabyles et les Arabes du voisinage. C'est une agglomération de maisons basses couvertes en tuiles, d'un mille de circuit; mais elle était autrefois beaucoup plus grande et servait de

[1] Par rempart, il faut sans doute entendre l'espace existant entre la muraille d'enceinte et les constructions de la ville.

[2] *Relation universelle de l'Afrique* du Sr de la Croix, 1688.

résidence à un des petits rois de ce pays; ce que nous en voyons à présent est situé sur la partie la plus basse d'une grande ville peu inférieure à Carthage par son étendue; les belles colonnes, les chapiteaux, les citernes spacieuses et les beaux pavés en mosaïque qui existent encore, permettent de se faire une haute idée de son ancienne magnificence.»

Il n'est plus fait mention de Cherchell, à notre connaissance, jusqu'à l'époque de la conquête française; la ville, reconnue seulement par mer au début de la conquête, ne fut occupée qu'en 1840.

§ 4. OCCUPATION FRANÇAISE.

Cette occupation faisait partie du programme indiqué par le Gouvernement au maréchal Valée, lors de la reprise des hostilités qui suivit la rupture du traité de la Tafna.

Une expédition contre Cherchell s'imposait d'autant plus à cette époque, qu'à la fin de l'année 1839, pendant que les Hadjoutes se soulevaient dans l'Ouest de la Mitidja, un bâtiment de commerce français, *le Frédéric-Adolphe*, avait été capturé par une tartane de Cherchell (26 décembre); l'équipage avait pu se jeter dans les embarcations et gagner Alger, mais le navire fut pillé par les Arabes. Cet événement répandit l'effroi dans le commerce : on crut à la renaissance de la piraterie; le bruit courait même que des corsaires musulmans avaient été signalés dans les parages de Barcelone.

Le châtiment ne se fit pas attendre : deux navires à vapeur, envoyés par le maréchal Valée, bombardèrent la ville pendant plusieurs heures et brûlèrent *le Frédéric-Adolphe*, qu'ils trouvèrent échoué sur la plage.

L'expédition qui devait amener l'occupation définitive de Cherchell eut lieu au mois de mars 1840, sous le commandement du maréchal Valée; la colonne, formée de trois brigades, arriva le 15 devant Cherchell après avoir échangé quelques coups de fusil avec les Arabes et trouva la ville déserte; quelques ouvrages furent immédiatement construits pour mettre la garnison à l'abri d'un retour offensif et, le 19, le maréchal retourna à Blida; le 17e de ligne, colonel Bedeau, et le 2e bataillon d'Afrique, commandant Cavaignac, formaient la garnison; mais les nécessités des opérations firent rappeler le 17e de ligne peu de temps après.

A partir de cette époque, Cherchell n'a plus joué de rôle actif dans les luttes soutenues contre les Arabes; son histoire se confond avec l'histoire générale de l'Algérie.

La création d'une colonie de 100 familles à Cherchell fut décidée par arrêté du Gouverneur général du 20 septembre 1840; l'année suivante on y installa un commissaire civil (arrêté ministériel du 8 mai 1841), qui fit fonctions de maire à partir du moment où la ville fut érigée en commune (décret du 17 juin 1854). Le commissariat civil fut définitivement supprimé par décret du 13 novembre 1867.

CHAPITRE III.

PORT DE CHERCHELL.

§ 1er. PORT ROMAIN.

La ville de Cherchell semble avoir été pourvue d'un port dès son origine; la description qu'en donne Shaw, les plans relevés en 1844 et les fouilles exécutées lors de la construction du port actuel, permettent de se rendre assez exactement compte de ce qu'était le port romain.

Voici ce qu'en dit Shaw :

« D'après la tradition, un tremblement de terre aurait détruit la ville et réduit le port, autrefois très grand et commode, à la situation misérable où il est à présent : l'arsenal et d'autres constructions voisines auraient été jetés dans le port par la secousse. Le Cothon, qui était en communication avec la partie Ouest du port, est la meilleure preuve de cette tradition. Car, lorsque la mer est calme et basse (comme cela arrive fréquemment après des vents forts du Sud ou de l'Est) on découvre sur le fond de nombreuses colonnes massives et des morceaux de gros murs dont je ne puis concevoir la présence, là où ils se trouvent, sans une violente commotion.

« On ne pouvait trouver de meilleure place, pour la commodité et la sécurité des vaisseaux, que le Cothon dans sa situation primitive. Car (outre sa surface qui était au moins de 50 yards carrés, il était abrité, sur toute son étendue, contre le vent, la houle et le courant qui gênent encore quelquefois dans le port) nous ne pouvons assez admirer le grand art et l'artifice du constructeur pour l'approvisionner en eau. On découvre, en effet, sur une éminence péninsulaire ronde qui forme la digue Nord du port et du Cothon, plusieurs voûtes et terrasses pavées ainsi que des mosaïques, disposées, comme on le voit, pour recevoir l'eau de la pluie qui s'écoulait de là dans de petits conduits et de ceux-ci dans de plus grands qui allaient tous se vider eux-mêmes dans une grande citerne ovale. Je n'ai vu que le fond de ce réservoir et je ne puis, par conséquent, juger de sa capacité; pourtant, d'après la quantité d'eau qui tombe annuellement dans le pays, un approvisionnement de plusieurs milliers de tonnes a pu être réuni par ce système. Cet emplacement, qui présente à peu près une forme demi-circulaire, mesure environ 1/4 de mille de circonférence; un petit fort est construit sur son sommet.

« Le port a approximativement la forme d'un cercle de 200 yards de diamètre; mais la partie la plus sûre qui, jusqu'à ces temps derniers était vers le Cothon, est maintenant envahie par un banc de sable qui croît tous les jours. A l'entrée du port se trouve une petite île rocheuse qui forme maintenant le principal abri et la principale défense contre les tempêtes du Nord et du N. E. »

En rapprochant cette description de l'état actuel des lieux et des plans levés avant la construction du port français, on reconnaît aisément que l'ancien port comprenait un avant-port abrité vers l'Est par une jetée dirigée de la pointe des Marabouts vers l'îlot A, et du côté du Nord, par une autre jetée reliant la pointe de l'îlot Joinville à l'îlot B; les débris de la première jetée se voient encore au fond de la mer où ils constituent une ligne de hauts-fonds sur lesquels la mer brise dès qu'elle grossit; ceux de la seconde, aujourd'hui recouverts par la jetée Nord du port, étaient apparents avant l'exécution des travaux; la Commission nautique les mentionne dans une délibération du 15 mai 1845, et le plan relevé par M. Ravoisié (exploration de l'Algérie) indique très nettement sur l'îlot B un massif de maçonnerie qui formait sans doute l'extrémité Est de la jetée romaine.

Ce que Shaw désigne sous le nom de Cothon était un bassin de 7,000 mètres carrés de superficie et de $1^{m},20$ à $2^{m},40$ de profondeur, creusé de main d'homme dans un banc d'argile compacte au Sud de l'îlot principal; une passe de $10^{m},24$ de largeur le mettait en communication avec le port; il était entouré de murs de quais, le long desquels on avait élevé des constructions importantes; les fondations d'un portique étaient encore apparentes le long du mur du quai Sud au moment de l'occupation; au pied de tous les murs de quais, mais particulièrement dans la passe, on a trouvé, en creusant le bassin actuel, de nombreux débris de constructions anciennes : débris de maçonnerie très dure, fûts de colonnes en marbre, pierres sphériques de $0^{m},20$ à $0^{m},80$ de diamètre, fragments de colonnes cannelées[1].

Dans l'intérieur du bassin, au milieu de la masse de gravier et de sable qui l'avait comblé, on a rencontré, paraît-il, en 1847, deux galères romaines; malheureusement les bois tombèrent en décomposition dès qu'on les retira de l'eau.

Les murs de quais étaient presque entièrement en pierres de taille; mais aucun d'eux n'était fondé au niveau du fond du bassin; les fondations du mur de la face Sud, et c'était le seul à peu près en bon état, étaient à $0^{m},40$ au-dessus du fond, soit à 2 mètres en contre-bas du niveau de la mer; les murs de la face Est et de la passe étaient simplement construits sur le bord de la tranchée qui avait de 1 mètre à $1^{m},80$ de hauteur; leurs fondations étaient à $0^{m},40$ ou $0^{m},80$ en contre-bas du niveau de l'eau; ils étaient formés d'une ou deux assises en pierres de taille de $0^{m},40$ de queue seulement; vers la partie Sud du mur de la face Est, les deux assises étaient encore solidement reliées, mais partout ailleurs, les maçonneries étaient complètement disloquées.

Quant au réservoir destiné à emmagasiner l'eau de pluie re-

[1] L'existence de ces débris est constatée dans un mémoire militaire sur Cherchell, rédigé en 1841 par le chef du génie de la place; l'auteur parle d'énormes fondations et de beaucoup de colonnes en granit, toutes couchées parallèlement à l'Ouest de la passe.

3

cueillie sur les terrasses de l'Îlot dont parle Shaw, je n'ai pu en reconnaître l'emplacement d'après le plan de M. Ravoisié.

§ 2. PORT ACTUEL.

La nécessité d'un port à Cherchell s'est fait sentir aussitôt après l'occupation; dès le 20 février 1842, M. le directeur du port signalait les dangers auxquels les navires étaient exposés sur cette côte faute d'un abri suffisant; il y avait eu, disait-il, huit naufrages en moins de deux ans. M. le directeur du port concluait en proposant de creuser le bassin romain jusqu'à 3 ou 4 mètres de profondeur et de rétablir le chenal afin de donner un abri à une quarantaine de navires de 20 à 80 tonneaux.

La question fut mise à l'étude et, conformément aux avis favorables de la Commission nautique et de la Commission mixte des travaux maritimes (11 octobre 1843), M. le Gouverneur général ordonna le curage du bassin romain jusqu'à une profondeur de 2m,50 (décision du 15 octobre 1843).

Les travaux furent poussés dès le début avec la plus grande activité; on établit un batardeau isolant une partie du bassin dans lequel on déblaya à sec; grâce à la nature argileuse du sous-sol les filtrations étaient peu importantes et on put facilement s'en rendre maître; le même procédé a été suivi avec plus ou moins de succès pour le curage de tout le bassin.

On poursuivait en même temps l'étude d'un port capable de satisfaire aux besoins du commerce et de l'armée, tout en réservant pour l'avenir la possibilité de créer un port plus vaste.

Le 25 avril 1844, la Commission mixte arrêta ainsi qu'il suit, sur la proposition de l'ingénieur du port, M. Giret, et de la Commission nautique, le programme des travaux à exécuter : 1° agrandissement du bassin dans l'Est du bassin romain de manière à lui donner une surface de 1 hectare et demi; l'agrandissement dans l'Ouest, indiqué en premier lieu par la Commission mixte, eût été d'une exécution bien plus coûteuse en raison de la faible profondeur à laquelle on rencontre le rocher; dans l'Est, au contraire, tout faisait présumer qu'on trouverait le même banc d'argile qu'à l'intérieur du bassin; 2° ouverture d'une passe de 12 mètres de largeur dans l'angle N. E. du bassin afin d'en tenir l'entrée aussi loin de terre que possible; 3° construction de terre-pleins entre les murs formant l'enceinte du bassin et les murs extérieurs destinés à maintenir et à protéger les remblais contre la lame.

La dépense était évaluée à 400,000 francs.

On faisait d'ailleurs remarquer que ces travaux avaient seulement pour but de créer un port de cabotage où, leurs opérations commerciales faites, les navires pourraient attendre un moment favorable pour reprendre la mer, mais que le port ne pourrait servir de port de relâche en raison de l'impossibilité d'y pénétrer par un gros temps.

Bien que le port de Cherchell soit peu éloigné de celui d'Alger, comme il n'y a aucun abri naturel sur la côte jusqu'à Arzew, il est clair que le port n'aurait rendu que des services très limités si l'on s'en était tenu au programme que nous venons de rappeler; mais, dès 1845, la Commission mixte avait indiqué la nécessité de nouvelles études en vue de la création, à l'Est du bassin, d'un abri parfaitement sûr, accessible aux bâtiments à vapeur de la correspondance.

La petite baie au Nord de la ville est coupée en deux criques par la pointe des Marabouts qu'un banc de roches parsemé des débris de la jetée romaine relie à l'îlot A.

La crique de l'Est n'offre sur une zone assez large que des hauteurs d'eau de 1 à 2 mètres; le fond est très inégal et vers le centre on trouve des têtes de roches dont quelques-unes forment écueil pour les plus petits navires. On ne pouvait donc songer à l'utiliser pour la création d'un port.

La partie Ouest de l'anse touche au bassin et présente des hauteurs d'eau variables de 5 à 9 mètres sur une surface de 3 hectares environ : c'est là que mouillaient les navires venant à Cherchell;

ils y étaient protégés contre les vents de l'O.N.O. au N.N.E. en passant par le Sud, par l'îlot Joinville, la terre, l'îlot A et le banc de roches qui le relie à la pointe des Marabouts; mais le mouillage était complètement ouvert aux vents de la partie Nord qui sont les plus dangereux sur la côte de l'Algérie. La grosse mer venant toujours du Nord, pénétrait dans l'anse par l'ouverture de 400 mètres laissée entre l'îlot Joinville et la roche A, et les grandes lames du large pénétraient jusqu'au mouillage sans avoir rien perdu de leur violence.

La construction d'une jetée au Nord était donc tout indiquée; entre l'îlot Joinville et l'îlot B, le tracé était marqué par les vestiges de la digue romaine sur 110 mètres de longueur; on proposait de la prolonger vers l'Est d'une longueur à déterminer suivant les résultats observés, de manière à abriter suffisamment le mouillage, tout en laissant l'entrée très facile; on supposait qu'un prolongement de 60 mètres serait suffisant : la largeur de la passe entre le musoir de cette jetée et les hauts-fonds les plus proches était encore de 120 mètres.

L'entrée du bassin ainsi abritée, il devenait possible d'augmenter sa surface et la largeur de la passe sans compromettre le calme des eaux; la superficie du bassin fut portée de 1 hect. 5 à 1 hect. 9 par le déplacement du mur de quai Est et la largeur de la passe fixée à 25 mètres.

Dans ces conditions, le bassin devait devenir facilement accessible aux bateaux à vapeur qui pourraient se placer le long du quai Nord, à condition d'y trouver une profondeur suffisante. La Commission proposait de draguer, dans cette partie, jusqu'à $4^{m},50$ de profondeur.

C'est d'après ces bases qu'on poursuivit l'exécution des travaux.

En octobre 1846, lors de la présentation du projet définitif, le tiers environ des déblais du bassin était exécuté; les murs d'enceinte étaient très avancés, les murs de quai construits sur 200 mètres, et la jetée du Nord terminée sur 80 mètres.

Le projet a été approuvé par décision de M. le Ministre de la guerre du 8 juillet 1847 ; il comprenait un bassin de 1 hect. 90 ares creusé à 3^{m},10 au-dessous des plus basses eaux, entouré de quais d'une superficie totale de 1 hect. 059 ; la largeur de la passe était fixée à 25 mètres et la profondeur, sur une largeur de 20 mètres le long du quai Nord, à 4^{m},50. Le prolongement de la jetée Joinville, au delà de la roche, était d'ailleurs ajourné.

La dépense totale, y compris la dépense déjà faite de 351,000 fr., était évaluée à 860,000 francs.

L'exécution de ces travaux, commencée depuis plusieurs années au moment de l'approbation du projet, a été poursuivie sans discontinuer à partir de cette époque. Le creusement du bassin et les maçonneries sous l'eau ont été exécutés en régie ; la main-d'œuvre était fournie par un atelier de condamnés militaires. Pendant les premières années, les ouvrages hors de l'eau eux-mêmes ont été construits en régie, faute d'entrepreneurs; des tâcherons fournissaient les moellons et la chaux employés dans les maçonneries. Les mortiers ont été fabriqués avec de la chaux grasse et de la pouzzolane d'Italie, jusqu'au moment où il a été possible de faire venir des calcaires du Teil.

Le bassin était terminé au commencement de 1850, sauf le musoir de l'entrée et la passe qui restait à approfondir sur la moitié de sa largeur, mais la jetée et les parapets étaient inachevés.

Nous compléterons ces indications générales par quelques détails sur les divers ouvrages qui constituent le port.

Jetée Joinville. — Le profil de la jetée comprenait, d'après le projet de 1846, un massif de 8 mètres de largeur au niveau de la mer formé par des blocs de béton de 13 mètres cubes; la plate-forme en maçonnerie, de 4 mètres de largeur sur 2^{m},50 de hauteur, était protégée du côté du large par une risberme en blocs artificiels de 2^{m},50 de largeur au niveau de la plate-forme; un parapet de 2 mètres de hauteur et de 1^{m},50 de largeur moyenne formait le couronnement.

La jetée fut commencée avec ce profil; l'expérience montra bien vite qu'il était trop faible; la grosse mer du 29 décembre 1854 lui causa de graves avaries; le pied, reposant sur le fond composé de matériaux mobiles, sable vaseux, graviers et galets, fut affouillé; les blocs glissèrent vers le large; la plate-forme même menaçait de s'effondrer.

Les réparations et l'achèvement de la jetée furent poursuivis, à partir de cette époque, suivant un profil bien plus résistant; comme on ne disposait que de crédits peu élevés, cet ouvrage ne fut terminé qu'en 1868, époque de la construction de la plate-forme du musoir.

A partir de 1868, on a construit des blocs de 20 à 30 mètres cubes pour renforcer le talus du large; enfin on a constitué, de 1880 à 1882, un parapet formé de blocs indépendants de 90 à 110 mètres cubes environ.

Le profil en travers ci-dessous indique la forme actuelle de la jetée.

Fig. 1. — Jetée Joinville. — Échelle de 0,003.

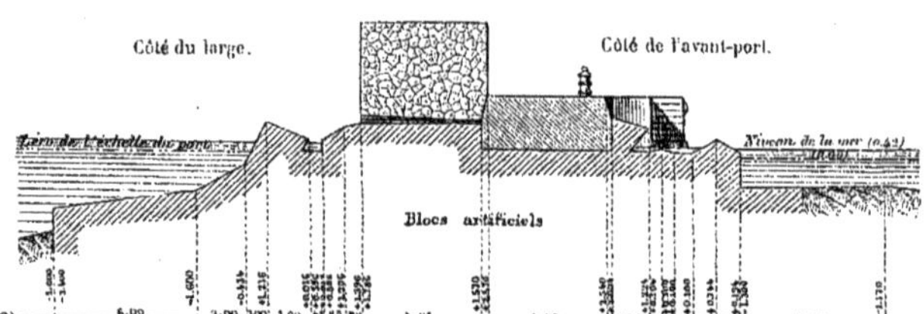

Elle n'a pas été continuée au delà de l'îlot qui formait autrefois le musoir de la jetée romaine; il y aurait tout intérêt à la prolonger dans l'Est, conformément aux indications de la Commission nautique, soit pour augmenter la surface abritée contre la mer du Nord, soit pour diminuer la force de la lame qui menace constamment le mur extérieur du quai N.-S. du bassin.

Bassin. — L'enceinte du bassin est formée à l'Est et à l'Ouest

PLAN DU RIVAGE DE LA MER AUX ABORDS DE CHERCHELL

Dessiné d'après la carte de la Marine de 1868, le plan dressé par Ravoisié en 1844 (*Exploration scientifique de l'Algérie*) et les documents des archives des Ponts et Chaussées.

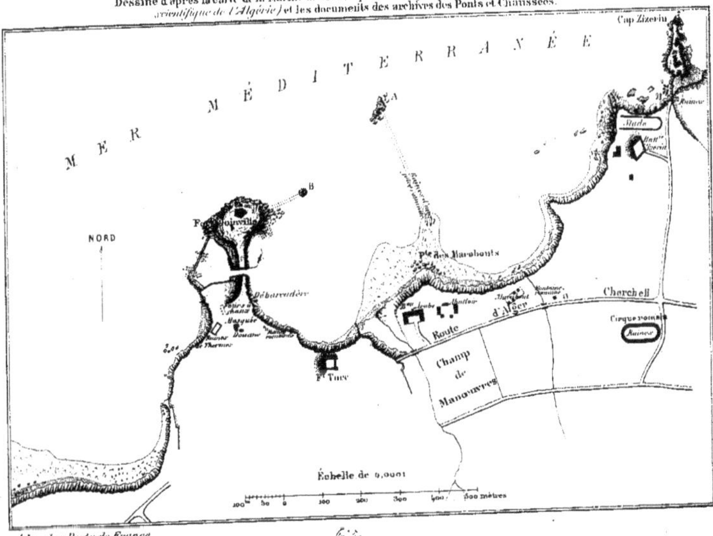

Atlas des Ports de France

par deux murs comprenant entre eux des massifs de remblais qui constituent le quai; ces murs, dont les dimensions transversales varient en raison de leur hauteur et des efforts auxquels ils sont exposés, ont tous été fondés sur des massifs en béton coulés sur place et élevés au moins jusqu'au niveau de l'eau.

Le mur extérieur du quai N.-S. (quai de l'Est), plus exposé à l'action de la mer, a subi de graves avaries très peu de temps après sa construction.

Là où il avait pu être fondé à sec, on avait déblayé le sable et le gravier recouvrant la couche d'argile solide, et établi le mur dans d'excellentes conditions; malheureusement, il n'a pu en être ainsi que pour une faible longueur près du musoir; dans la partie Sud, les blocs de béton coulés sur place reposaient sur une couche de sable vaseux qui fut rapidement affouillée : des excavations se formèrent sous le mur et le remblai du terre-plein fut attaqué; pour remédier à cette situation on établit un coffrage à 2 mètres en avant du mur; dans l'espace ainsi isolé on battit une série de pieux entre lesquels on put draguer jusqu'à une couche assez résistante, sans compromettre la solidité du mur; on coula ensuite entre le coffrage et le mur un massif de béton qu'on fit pénétrer aussi profondément que possible sous les excavations du mur.

Des blocs artificiels, immergés en avant de ce contrefort, le protégèrent contre l'action des lames. Ces travaux, exécutés en 1855, ont produit le résultat qu'on en attendait; il faut arriver à la tempête du 12 janvier 1876 pour constater de nouvelles avaries de quelque gravité; le mur a été encore affouillé sur quelques points, mais le danger n'était pas, à beaucoup près, aussi grave qu'en 1852; il a suffi de reprendre en sous-œuvre les parties attaquées, pour remettre le mur en état.

Depuis cette époque, il ne s'est produit aucune avarie notable.

Les sections des murs de quais de l'Est et de l'Ouest et les dispositions des plates-formes des quais correspondants sont indiquées sur les croquis ci-après; on remarquera que les plates-formes des quais sont inclinées du côté opposé à la bordure, afin de rejeter hors du bassin les débris qu'entraînent les eaux de pluie.

Fig. 2. — Quai de l'Est. — Échelle de 0,004.

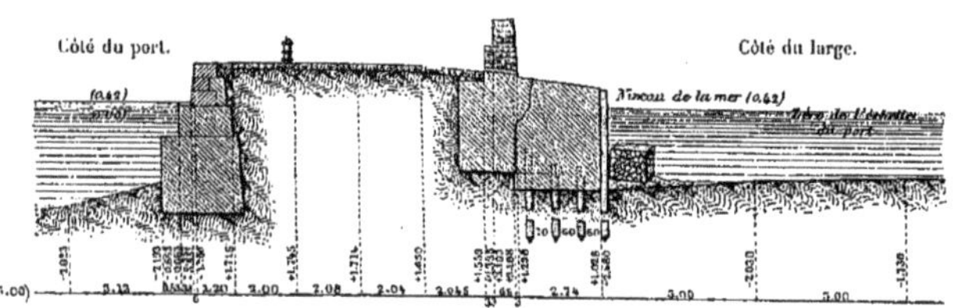

Fig. 3. — Quai de l'Ouest. — Échelle de 0,004.

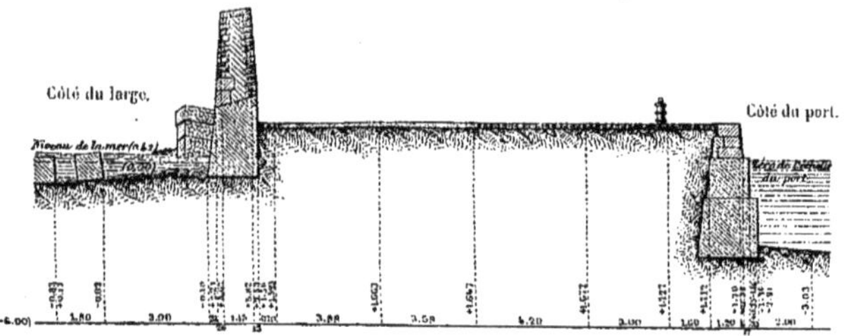

Le quai Nord est limité du côté du phare par un mur de soutènement laissant jusqu'à la bordure du mur du quai une largeur libre de 12 mètres; une rampe et un escalier en bois donnent accès du quai à la batterie de Joinville. C'est à l'intérieur de cette batterie qu'a été construit le phare de Cherchell; il a été allumé le 10 mars 1857.

Une grue de deux tonnes a été installée sur le quai Sud aux frais de l'État, pour hisser à terre les embarcations qui fréquentent le port (décision ministérielle du 3 août 1883).

L'entrée du bassin est signalée la nuit par deux feux de port.

Le premier est un feu fixe blanc porté par un support en fer fixé à l'extrémité de la jetée Joinville; cette jetée n'étant pas accessible dès que la mer grossit, un va-et-vient a été installé pour ramener le feu à terre où on peut l'entretenir et l'allumer, quel que soit l'état de la mer.

Le deuxième, placé à 3 mètres de l'extrémité Est du quai Nord, est un feu fixe rouge qui ne devient visible, pour un navire entrant au port, qu'à partir du moment où ce navire est vis-à-vis de l'entrée du bassin.

Dépenses. — Nous n'avons pu retrouver aucun renseignement précis sur le montant des dépenses faites au port de Cherchell.

CHAPITRE IV.

RENSEIGNEMENTS COMMERCIAUX ET ÉCONOMIQUES.

Le port de Cherchell qui était, à l'époque de l'occupation romaine, un grand établissement maritime pour les galères naviguant à la voile et à la rame, n'est plus actuellement qu'un joli petit port de caboteurs, malgré l'approfondissement et l'agrandissement du bassin; la disposition des lieux s'oppose presque absolument à la création d'un port plus vaste; mais il est probable que le port tel qu'il est suffira, pour un avenir indéfini, au mouvement commercial de Cherchell.

Le seul commerce de cette ville est aujourd'hui celui auquel donne lieu la production locale : vins, conserves de poissons, céréales, figues, huile d'olive, etc.

Avant l'ouverture de la ligne du chemin de fer d'Alger à Oran, Cherchell était le marché maritime d'une partie de la Mitidja et de la vallée du Haut-Chélif; l'exploitation des mines de Messelmoun et de Gouraya a augmenté pendant quelques années le tonnage du port; mais aujourd'hui son mouvement commercial est extrêmement réduit; le voisinage d'Alger et la difficulté des communications vers le Sud, à travers le massif montagneux qui domine Cherchell, limiteront toujours l'importance commerciale de ce port, malgré le développement continu de la colonisation le long de la partie Ouest de la côte.

Le seul service régulier de bateaux à vapeur est fait par la compagnie Franceschi, Schiaffino et Cie; ses bateaux, dont le tonnage varie de 70 à 125 tonnes, font un service hebdomadaire entre Alger, Cherchell et Ténès. Quelques balancelles espagnoles fréquentent aussi le port, mais surtout pour y chercher un refuge quand elles sont surprises par le mauvais temps; le port rend, à ce point de vue, de sérieux services aux navires d'un faible tonnage qui fréquentent cette partie de la côte, où l'on ne trouve aucun mouillage praticable par le mauvais temps.

Les tableaux joints à la présente notice donnent le mouvement de la navigation depuis 1876.

RENSEIGNEMENTS GÉNÉRAUX.

Chenal entre les jetées	Largeur à l'entrée	24 mètres.
	Longueur	10 mètres.
	Profondeur d'eau moyenne	$4^{m},50$
Superficie affectée au séjour des navires		$5^{h},85^{a}$
Longueur totale des quais		520 mètres.
Superficie totale des terre-pleins des quais		112 ares.
Dépenses totales de premier établissement au 1er janvier 1887, environ		2,400,000 francs.

ENTRÉES.

ANNÉES.	NATIONALITÉS.	NAVIRES À VOILES. Nombre de navires chargés.	sur lest.	Total.	Tonnage.	NAVIRES À VAPEUR. Nombre de navires chargés.	sur lest.	Total.	Tonnage.	RELÂCHEURS. Nombre.	Tonnage.	TOTAL des trois catégories. Nombre.	Tonnage.
					tonn^x.				tonn^x.		tonn^x.		tonn^x.
1876	Français..	54	1	55	1,936	»	»	»	»	14	663	92	6,182
	Étrangers.	10	2	12	435	3	4	7	3,023	4	125		
1877	Français..	48	2	50	1,794	»	»	»	»	9	370	74	5,343
	Étrangers.	7	»	7	254	3	1	4	2,770	4	155		
1878	Français..	61	8	69	2,090	»	»	»	»	11	330	84	4.317
	Étrangers.	1	»	1	22	»	3	3	1,875	»	»		
1879	Français..	70	8	78	1,861	1	1	2	1,518	11	245	99	3.782
	Étrangers.	»	5	5	54	»	»	»	»	3	104		
1880	Français..	71	9	80	2.132	3	»	3	138	15	497	106	7,874
	Étrangers.	2	»	2	59	»	6	6	5,048	»	»		
1881	Français..	57	4	61	1,966	32	2	34	2,240	9	401	111	5,581
	Étrangers.	4	1	5	101	»	1	1	848	1	25		
1882	Français..	62	6	68	1,747	29	4	33	4,453	19	683	127	7,064
	Étrangers.	4	1	5	124	»	»	»	»	2	57		
1883	Français..	74	9	88	3,190	31	8	39	9,178	15	522	157	14,362
	Étrangers.	12	1	13	337	»	3	3	986	4	149		
1884	Français..	33	4	37	1,181	63	5	68	5,358	16	621	138	15,906
	Étrangers.	2	1	3	82	2	7	9	8,522	5	147		
1885	Français..	23	8	31	1,107	114	17	131	11,463	8	334	178	13,114
	Étrangers.	2	4	6	160	»	»	»	»	2	50		
1886	Français..	19	2	21	744	99	23	122	11,974	4	173	159	13.347
	Étrangers.	2	2	4	214	»	»	»	»	8	242		
1887	Français..	9	»	9	608	173	1	174	14,716	»	»	188	15,419
	Étrangers.	2	3	5	95	»	»	»	»	»	»		

SORTIES.

ANNÉES.	NATIONALITÉS.	NAVIRES À VOILES. Nombre de navires chargés.	NAVIRES À VOILES. Nombre de navires sur lest.	NAVIRES À VOILES. Nombre de navires Total.	NAVIRES À VOILES. Tonnage.	NAVIRES À VAPEUR. Nombre de navires chargés.	NAVIRES À VAPEUR. Nombre de navires sur lest.	NAVIRES À VAPEUR. Nombre de navires Total.	NAVIRES À VAPEUR. Tonnage.	RELÂCHEURS. Nombre.	RELÂCHEURS. Tonnage.	TOTAL des TROIS CATÉGORIES. Nombre.	TOTAL des TROIS CATÉGORIES. Tonnage.
					tonnx.				tonnx.		tonnx.		tonnx.
1876	Français..	44	6	50	1,813	″	″	″	″	16	727	92	7,171
	Étrangers.	11	2	13	384	6	1	7	4,023	6	224		
1877	Français..	44	9	53	1,888	″	″	″	″	6	265	76	5,394
	Étrangers.	5	3	8	279	4	″	4	2,770	5	192		
1878	Français..	54	14	68	2,061	″	″	″	″	10	206	89	4,164
	Étrangers.	″	1	1	22	3	″	3	1,875	″	″		
1879	Français..	61	25	86	2,115	2	″	2	1,518	6	268	101	4,079
	Étrangers.	″	4	4	74	″	″	″	″	3	104		
1880	Français..	64	12	76	2,063	3	″	3	138	17	579	104	7,887
	Étrangers.	″	1	1	18	6	″	6	5,048	1	41		
1881	Français..	41	17	58	1,895	35	″	35	2,286	11	456	113	5,652
	Étrangers.	3	3	6	120	1	″	1	848	2	47		
1882	Français..	57	8	65	1,616	32	1	33	4,453	20	714	125	6,964
	Étrangers.	3	2	5	124	″	″	″	″	2	57		
1883	Français..	74	11	85	3,203	40	″	40	9,203	14	514	158	14,361
	Étrangers.	9	3	12	306	3	″	3	986	4	149		
1884	Français..	29	12	41	1,350	64	4	68	5,360	13	539	139	15,994
	Étrangers.	4	″	4	127	8	1	9	8,516	4	102		
1885	Français..	8	27	35	1,312	112	19	131	10,497	5	168	178	12,153
	Étrangers.	1	5	6	140	″	″	″	″	1	36		
1886	Français..	7	15	22	774	102	20	122	11,972	3	143	158	13,221
	Étrangers.	4	3	7	203	″	″	″	″	4	129		
1887	Français..	9	″	9	608	174	″	174	14,716	″	″	188	16,042
	Étrangers.	2	3	5	718	″	″	″	″	″	″		

IMPORTATIONS ET EXPORTATIONS.

ANNÉES.	IMPORTATIONS provenant DE PORTS FRANÇAIS ET ÉTRANGERS.	tonnes.	RÉUNIES. tonnes.	EXPORTATIONS à destination DE PORTS FRANÇAIS ET ÉTRANGERS.	tonnes.	RÉUNIES. tonnes.
1876	Cabotage.....	1,254 3	1,618 3	Cabotage....	1,449 4	6,895 4
	Étrangers....	364 0		Étrangers...	5,446 0	
1877	Cabotage.....	1,380 2	1,428 2	Cabotage....	872 4	4,292 4
	Étrangers....	48 0		Étrangers...	3,420 0	
1878	Cabotage.....	1,589 0	1,589 0	Cabotage....	970 3	3,570 3
	Étrangers....	0 0		Étrangers...	2,600 0	
1879	Cabotage.....	1,396 0	1,453 0	Cabotage....	4,335 9	7,435 9
	Étrangers....	57 0		Étrangers...	3,100 0	
1880	Cabotage.....	1,655 3	1,700 3	Cabotage....	1,698 0	9,398 0
	Étrangers....	45 0		Étrangers...	7,700 0	
1881	Cabotage.....	2,198 5	2,334 5	Cabotage....	4,243 2	7,264 2
	Étrangers....	136 0		Étrangers...	3,021 0	
1882	Cabotage.....	2,638 4	2,737 4	Cabotage....	5,442 8	11,020 8
	Étrangers....	99 0		Étrangers...	5,578 0	
1883	Cabotage.....	2,572 5	2,741 5	Cabotage....	18,670 4	28,256 4
	Étrangers....	169 0		Étrangers...	9,586 0	
1884	Cabotage.....	2,527 8	2,676 8	Cabotage....	2,345 0	15,943 0
	Étrangers....	149 0		Étrangers...	13,598 0	
1885	Cabotage.....	4,350 0	4,406 0	Cabotage....	2,677 2	2,726 2
	Étrangers....	56 0		Étrangers...	49 0	
1886	Cabotage.....	4,058 6	4,258 6	Cabotage....	2,146 1	2,290 1
	Étrangers....	200 0		Étrangers...	144 0	
1887	Cabotage.....	4,063 0	4,084 0	Cabotage....	3,855 0	4,481 0
	Étrangers....	21 0		Étrangers...	626 0	

Importations. — Les importations proviennent du cabotage et des ports non pourvus d'un bureau de douane.

Exportations. — Depuis que les mines de Messelmoun et de Gouraya ne sont plus exploitées, les exportations ont sensiblement diminué. En 1883 il a été exporté 14,500 tonnes de minerais.

DROITS DE DOUANE.

ANNÉES.	IMPORTATIONS.	EXPORTATIONS[1].	ACCESSOIRES.	NAVIGATION.	OCTROI DE MER.
	fr. c.		fr. c.	fr. c.	fr. c.
1875	2,678 96	//	450 55	381 42	3,486 00
1876	3,172 52	//	487 95	281 23	3,511 38
1877	211 74	//	370 35	206 50	2,702 06
1878	//	//	239 50	127 75	2,490 91
1879	71 05	//	78 78	175 03	2,367 96
1880	545 10	//	243 26	131 84	3,344 53
1881	26 44	//	63 30	163 37	696 16
1882	31 92	//	298 20	204 40	1,259 07
1883	352 20	//	255 10	210 51	1,501 96
1884	92 32	//	821 20	200 85	1,162 47
1885	363 48	//	82 90	192 74	793 00
1886	1,093 11	//	106 77	397 77	748 78
1887	20 81	//	65 10	151 00	992 99

[1] Il ne s'exporte pas de l'Algérie de marchandises frappées de droits de douane à la sortie.

MOUVEMENT DES VOYAGEURS.

ANNÉES.	ARRIVAGES.	DÉPARTS.	ANNÉES.	ARRIVAGES.	DÉPARTS.
	voyageurs.	voyageurs.		voyageurs.	voyageurs.
1870	112	91	1879	80	80
1871	118	119	1880	83	90
1872	104	103	1881	191	266
1873	35	27	1882	272	258
1874	22	35	1883	175	216
1875	22	56	1884	338	383
1876	50	55	1885	838	740
1877	56	42	1886	806	830
1878	21	33	1887	683	706

BIBLIOGRAPHIE.

IBN-KHALDOUN. Histoire des Berbères. Traduction de Slane (1852-1856).

EDRISSI (XIIe siècle). Géographie, traduite de l'arabe en français d'après deux manuscrits de la bibliothèque du roi, par P. Amédée Jaubert.

VENTURE. Fondation de la régence d'Alger. Traduction d'une auto-biographie de Kheir-ed-Din, publiée par MM. Sander, Rang et Denis.

MORCELLI. *Africa christiana. Brixiæ ex officina Bettoniana* (1816).

O' DAPPER. Description de l'Afrique, traduite du Flammarion. Amsterdam, 1686. Wolfang.

DE LA CROIX. Relation universelle de l'Afrique ancienne et moderne. Paris, 1688. Étienne Michallet. (Cet ouvrage n'est, pour la plus grande partie, que la reproduction textuelle du précédent.)

Docteur SHAW. *Travels or observations relating to several parts of Barbary and the Levant.* Oxford, 1738. Traductions françaises : chez Jean Neaulme, à la Haye, 1743. Traduction complète reproduisant les cartes, les notes et les extraits de l'édition anglaise. Traduction de Mac Carthy, 1830.

WALSIN ESTERHAZY, capitaine d'artillerie. De la domination turque dans l'ancienne Régence d'Alger. Paris, 1840. Ch. Gosselin.

Ch. DE ROTALIER. Histoire d'Alger et de la piraterie des Turcs dans la Méditerranée. Paris, 1841. Paulin.

Exploration scientifique de l'Algérie. Beaux-arts, architecture et sculpture, 3e volume; dessins divers relatifs à Cherchell, par Ravoisié, 1844.

BERBRUGGER. Le fort de Cherchell. Traduction d'une auto-biographie de Kheir-ed-Din, publiée par MM. Sander, Rang et Denis.

DE VERNEUIL et J. BUGNOT. Esquisses historiques sur la Mauritanie Césarienne et *Iol Cæsarea.* Revue africaine, 1870.

A. BÉRARD. Description nautique des côtes de l'Algérie. Publication du dépôt général de la Marine. Paris, 1839. Imprimerie royale.

LIEUSSOU, ingénieur hydrographe. Études sur les ports de l'Algérie. Paris, 1857. Paul Dupont.

Contre-amiral MOUCHEZ. Instructions nautiques sur les côtes de l'Algérie. Paris, 1879. Imprimerie nationale.

H.-D. DE GRAMMONT. Histoire d'Alger sous la domination turque. Paris, 1887. Ernest Leroux.

Revue africaine. Articles divers.

PORT DE TIPAZA.

CHAPITRE PREMIER.

RENSEIGNEMENTS GÉOGRAPHIQUES ET HYDROGRAPHIQUES.

Atterrages. — Le port de Tipaza est situé à l'Est du promontoire avancé du Chenoua désigné aussi sous le nom de Ras-el-Amouch, au pied d'une chaîne de collines régulières de 250 à 300 mètres de hauteur, parallèle à la côte et située à 3 ou 4 kilomètres de la mer, entre l'oued Nador qui la sépare du Chenoua et l'oued Mazafran qui la sépare du massif de la Bouzaréa.

Le Chenoua, et en arrière, au Sud, la coupée de la Chiffa, servent à la reconnaissance de Tipaza, aussi bien qu'à celle de Cherchell.

Un phare est construit sur la pointe de Ras-el-Kalia, à 400 mètres environ au N. O. du port; c'est un feu du 4e ordre, fixe vert, élevé de 31 mètres au-dessus de la mer; ses coordonnées géographiques sont : latitude Nord, 36° 35′ 58″; longitude Est, 0° 6′ 43″.

La baie comprise entre l'extrémité Nord du promontoire du Chenoua et la pointe rocheuse de Tipaza offre un bon mouillage, bien abrité des vents compris entre l'Ouest et l'O. N. O. Mais les navires doivent toujours être prêts à le quitter dès que le vent s'élève au N. N. O., la mer y devient alors fort grosse.

C'est au fond de cette baie que se jette à la mer l'oued Nador[1] sur une plage de 2 milles de longueur.

[1] Rivière désignée sous le nom de Gourmaat, par Shaw et par les Arabes.

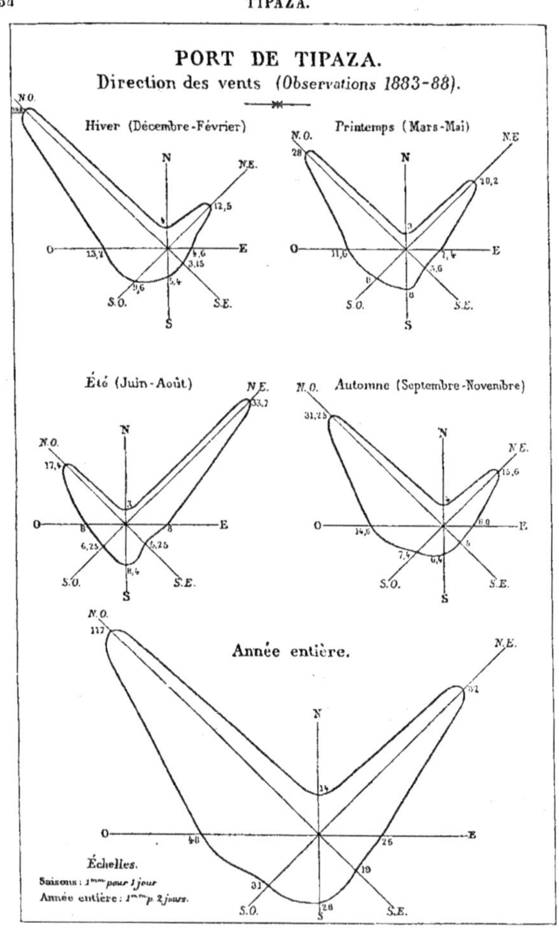
PORT DE TIPAZA.
Direction des vents (Observations 1883-88).
Hiver (Décembre-Février)
Printemps (Mars-Mai)
Été (Juin-Août)
Automne (Septembre-Novembre)
Année entière.
Échelles.
Saisons : 1mm pour 1 jour
Année entière : 1mm p. 2 jours.

DIRECTION DES VENTS À TIPAZA.

SAISONS.		N.	N. E.	E.	S. E.	S.	S. O.	O.	N. O.	TOTAL.
Hiver (du 1er déc. au 28 fév.).	1883-1884...	6	12	4	3	3	10	12	41	91
	1884-1885...	4	10	3	4	5	12	13	39	90
	1885-1886...	3	8	5	3	6	9	12	44	90
	1886-1887...	3	9	6	4	5	10	15	38	90
	1887-1888...	5	11	5	4	8	7	14	37	91
Totaux...........		21	50	23	18	27	48	66	199	452
Printemps (du 1er mars au 31 mai).	1884........	3	27	6	4	6	8	14	24	92
	1885........	2	24	7	8	7	9	11	24	92
	1886........	2	18	8	6	7	8	10	33	92
	1887........	4	16	6	5	10	8	11	32	92
	1888........	3	16	10	5	11	7	12	28	92
Totaux...........		14	101	37	28	41	40	58	141	460
Été (du 1er juin au 31 août).	1884........	2	45	7	5	7	5	7	14	92
	1885........	3	35	8	7	8	7	8	16	92
	1886........	4	32	7	5	12	6	10	16	92
	1887........	2	32	8	5	9	6	7	23	92
	1888........	3	36	10	4	6	7	8	18	92
Totaux...........		14	180	40	26	42	31	40	87	460
Automne (du 1er sept. au 30 nov.).	1884........	3	21	5	4	5	9	15	29	91
	1885........	4	11	6	5	9	6	18	32	91
	1886........	5	14	7	5	7	9	12	32	91
	1887........	4	16	9	6	5	6	13	32	91
	1888........	4	17	8	3	9	10	11	29	91
Totaux...........		20	79	35	23	35	40	69	154	455
Rappel....	Hiver........	21	50	23	18	27	48	66	199	452
	Printemps....	14	101	37	28	41	40	58	141	460
	Été..........	14	180	40	26	42	31	40	87	460
Totaux...........		69	410	135	97	145	159	233	581	1827
Moyennes.........		13.8	82.0	27.0	19.0	29.0	31.8	46.6	116.2	365.4

A l'Est de Tipaza, la côte est rocheuse et très découpée; elle forme plusieurs petites baies, offrant d'excellents points de débarquement pour les embarcations.

Vents. — Les vents dominants sont, pendant l'hiver, les vents du N. O., et pendant l'été, ceux du N. E.; au printemps et à l'automne les vents du N. O. sont encore les plus fréquents, toutefois les vents du N. E. soufflent plus souvent que pendant l'hiver.

Les graphiques ci-dessus (page 442) représentent pour chacune des quatre saisons et pour l'année entière, la fréquence des divers vents, d'après les observations faites depuis 1883.

Courants. — Les courants portent généralement à l'Est, au Nord des caps Caxine et Ras-el-Amouch; cependant Bérard cite, dans sa description nautique des côtes de l'Algérie, des irrégularités observées aux environs du cap Ras-el-Amouch : à 3 ou 4 milles de la côte, au Nord du cap, le courant portait à l'Ouest, contre le vent assez faible d'ailleurs, tandis qu'à 1 mille de terre, on constatait l'existence d'un courant assez rapide vers l'Est.

Entre ces deux caps et à une petite distance de terre, on rencontre quelquefois des courants portant à l'Ouest, ainsi d'ailleurs que dans la plupart des golfes orientés de la même manière sur la côte de l'Algérie.

CHAPITRE II.

RENSEIGNEMENTS HISTORIQUES.

Le village actuel de Tipaza a été construit sur les ruines de la ville romaine de Tipaza; les Arabes l'appelaient Tefacedt ou Tefessed.

Tipaza était une colonie de vétérans fondée par l'empereur Claude qui lui accorda le droit latin, elle est citée dans la Géographie de Ptolémée et dans l'Itinéraire d'Antonin; en 484, une partie des habitants s'enfuirent en Espagne pour échapper aux persécutions du roi vandale Hunéric qui leur avait envoyé un évêque arien pour les obliger à embrasser l'hérésie d'Arius.

Des ruines considérables couvrent le sol à l'intérieur et à l'extérieur de l'enceinte ancienne. Nous citerons les principales : l'église, rectangle de 60 sur 30 mètres, à l'Est; les citernes voûtées, alimentées autrefois par les eaux du Nador amenées par un aqueduc dont on retrouve encore des restes bien conservés; le théâtre et une fontaine en hémicycle, découverte par un des principaux colons de Tipaza, M. Trémaux, à l'entrée de la ville et sur le bord de la route.

A quelques centaines de mètres à l'Est et à l'Ouest de la ville, sur deux petits promontoires élevés d'une trentaine de mètres, on trouve deux cimetières, véritables nécropoles antiques où les tombeaux en pierre sont beaucoup plus nombreux que ne l'aurait comporté cette ville d'après ses dimensions probables. C'est dans le cimetière de l'Est, vers l'arête Nord du plateau, qu'était l'église mentionnée plus haut; au milieu des pierres écroulées on voit encore une pierre dans laquelle est découpé le monogramme du Christ.

L'ancien port romain semble avoir été construit, dit M. le contre-amiral Mouchez (*Instructions nautiques*), à l'abri des deux îlots, à l'Est de la ville, devant la pointe des Tombeaux; on croit avoir retrouvé au fond de l'eau des débris de jetées.

Le territoire de Tipaza a été concédé, par décret du 12 août 1854, à M. Demouchy, sous diverses conditions ayant pour but d'assurer la création d'un village; cette combinaison n'a pas produit tous les résultats qu'on en attendait, bien que la situation sanitaire fût excellente; les premiers colons venus en Algérie sans ressources financières et peu habitués à la culture ne réussirent pas; plusieurs abandonnèrent le village.

Le développement de la culture de la vigne dans cette région et la facilité des communications du port de Tipaza avec l'extrémité Ouest de la plaine de la Mitidja, par la vallée du Nord, semblent cependant devoir assurer une certaine prospérité à ce centre.

La population totale est de 2,041 habitants, mais la population agglomérée n'est que de 175 habitants d'après le dénombrement de 1886. Cette population se répartit ainsi, suivant la nationalité :

Français d'origine ou naturalisés	154
Sujets français (Arabes, Kabyles)	1,614
Nationalités diverses	273
Total	2,041

Tipaza a formé pendant longtemps une section de la commune de Marengo, le village est érigé maintenant en commune de plein exercice.

Communications. — Un chemin vicinal longeant le bord de la mer assure les communications vers l'Est et vers l'Ouest. Du côté de l'Est, le chemin dessert plusieurs petits ports et se rattache sur la rive gauche du Mazafran à la route d'Alger à Koléa.

Vers l'Ouest, le massif du Chenoua n'ayant pas permis de suivre le rivage, le chemin remonte le cours de l'oued Nador pour gagner Marengo, sur la route de Cherchell. La station du chemin de fer la plus voisine est celle d'El-Affroun, sur la ligne d'Alger à Oran.

CHAPITRE III.

DÉBARCADÈRE DE TIPAZA.

Historique. — La construction d'un débarcadère a été réclamée, dès 1855, par le concessionnaire du territoire de Tipaza, pour faciliter le développement du village que l'on supposait à cette époque devoir prendre rapidement une importance considérable; l'exécution de cet ouvrage était mise à la charge de l'État par l'article 10 du décret de 1854, mais le Gouvernement restait libre de fixer l'époque et l'importance des travaux.

Le service du Génie avait bien tenté, antérieurement même au décret de concession, l'établissement d'un petit débarcadère en enrochements, près du poste de douane qui venait d'être installé; mais dès l'hiver suivant, le débarcadère fut enlevé par la mer.

On chercha à utiliser une petite crique voisine de l'ancien port; les constructions nécessaires à la création d'un véritable port, quoique très réduit, eussent entraîné une dépense de plus de 100,000 francs, hors de proportion avec le résultat à atteindre; aucune suite ne fut donnée à cette idée. On se borna à proposer l'exécution d'un simple débarcadère, accessible aux allèges qui opéreraient le chargement et le déchargement des navires mouillés au large de Tipaza, à l'abri du Chenoua.

Ce débarcadère devait être placé, d'après l'avant-projet des 23 mars-10 avril 1858, sur un plateau de rocher partant du bâtiment de la douane et se dirigeant vers l'Est, en laissant au Sud une petite crique assez bien abritée. La dépense était évaluée à 23,000 francs.

L'emplacement proposé présentait l'inconvénient assez grave d'être encombré de têtes de rochers; on devait bien les faire disparaître, mais on craignait en outre l'ensablement par les apports d'un ravin débouchant un peu au Sud du mur de quai projeté; le tirant d'eau était insuffisant pour assurer l'accès du quai aux balancelles; enfin les canots et les embarcations, exposés soit à la lame directe, soit au ressac, n'auraient pu séjourner sans danger le long du débarcadère, par tous les vents compris entre le Nord et le N. E., qui sont les vents dominants dans la saison d'été.

Tels sont les motifs qui déterminèrent le choix d'un emplacement à 100 mètres environ au Sud du premier.

Le projet dressé le 31 mars 1859, par M. l'ingénieur Neveu-Derotrie, consistait en un terre-plein compris entre deux murs en maçonnerie, reliant un îlot à la terre ferme et rattaché au village par une rampe d'accès. Le mur Est, le seul accessible aux embarcations, était élevé, comme le terre-plein, à 1 mètre au-dessus du niveau de la mer; le mur Ouest, surélevé de $1^{m},56$, formait mur de garde et protégeait le terre-plein contre la mer.

Le tirant d'eau le long du mur de quai variant de $1^{m},10$ à $3^{m},40$, cet ouvrage devait être accessible non seulement aux allèges, mais encore aux bâtiments légers qui font le cabotage sur la côte. Enfin, le point proposé étant plus enfoncé dans l'intérieur de l'anse, était mieux abrité par sa situation même et par quelques îlots et hauts-fonds dans la direction du N. E.

La dépense était évaluée à 24,000 francs.

Ce projet, examiné par une commission de gens de mer, a été définitivement approuvé par décision du Ministre de l'Algérie et des colonies du 3 novembre 1859, sous réserve d'une légère modification à apporter au tracé du mur Ouest du terre-plein.

Les travaux, commencés en 1860, ont été terminés en 1861; les dépenses se sont élevées à 31,000 francs, dépassant de 7,000 francs les prévisions; ce dépassement a été motivé par les difficultés rencontrées pour l'ouverture de la rampe d'accès, par les avaries survenues pendant l'hiver et enfin par l'augmentation du pavage qui, prévu seulement le long des murs Est et Ouest, a dû être étendu en cours d'exécution à toute la surface du terre-plein.

En 1865, cet ouvrage a été complété par la construction d'une cale inclinée de 5 mètres de largeur, adossée au mur S.E. du débarcadère, pour le halage des embarcations; la dépense prévue était de 5,000 francs (décision du 22 juillet 1865).

Deux ans plus tard, on a exécuté plusieurs travaux d'amélioration, comprenant l'extraction de quelques roches sous-marines et l'établissement d'un mur de garde sur l'îlot rocheux formant l'extrémité Nord du débarcadère (décision approbative du 2 août 1867). La dépense était évaluée à 4,500 francs.

Enfin nous mentionnerons l'enlèvement, en 1873, de blocs et de gros galets, sur la plage située au S.E. du débarcadère; ce travail, demandé par les habitants, avait pour objet de permettre le halage des embarcations des pêcheurs; il a exigé une dépense de 1,500 francs, à laquelle les intéressés ont contribué pour 400 francs.

Depuis cette époque il n'a été apporté aucune modification au débarcadère de Tipaza; on se borne à entretenir les pavages et les maçonneries; une réparation relativement importante a été faite à la cale en 1876 : un angle de cet ouvrage démoli par la tempête du 12 janvier a été refait en entier.

Description. — Le débarcadère est à l'Est d'une crique d'environ 90 ares ouverte au Nord et au N.E.; il comprend : 1° un mur de quai de 21 mètres de longueur, orienté du Nord au Sud, avec un tirant d'eau variant de $1^m,50$ à 3 mètres; 2° une cale inclinée de 5 mètres de largeur. La partie inclinée de cette cale a une longueur de 12 mètres et présente une pente de $0^m,162$; le tirant d'eau sur l'arête inférieure est de $0^m,50$.

Le terre-plein dallé a une superficie de 1,654 mètres carrés; il est abrité par deux murs construits, l'un au Nord, l'autre à l'Ouest.

CHAPITRE IV.

RENSEIGNEMENTS COMMERCIAUX ET STATISTIQUES.

Le mouvement commercial du port est extrêmement restreint; nous n'avons pu avoir de renseignements statistiques que pour les deux dernières années 1886 et 1887; ils sont consignés dans les tableaux ci-dessous.

ENTRÉES ET SORTIES.

ANNÉES.	NATIONALITÉS.	NAVIRES À VOILES. Nombre de navires chargés.	sur lest.	Total.	Tonnage.	NAVIRES À VAPEUR. Nombre de navires chargés.	sur lest.	Total.	Tonnage.	RELÂCHEURS. Nombre.	Tonnage.	TOTAL des trois catégories. Nombre.	Tonnage.
					tonn^x.				tonn^x.		tonn^x.		tonn^x.
						ENTRÉES.							
1886	Français..	17	8	25	668	5	3	8	736	»	»	33	1,404
1887	Français..	15	6	21	640	8	4	12	1,072	»	»	33	1,712
						SORTIES.							
1886	Français..	21	4	25	659	6	2	8	688	»	»	33	1.347
1887	Français..	17	3	20	609	9	3	12	1,702	»	»	32	2.311

IMPORTATIONS ET EXPORTATIONS.

ANNÉES.	IMPORTATIONS provenant DE PORTS FRANÇAIS.	EXPORTATIONS à destination DE PORTS FRANÇAIS.	OBSERVATIONS.
	tonnes.	tonnes.	
1886	Français......... 176	Français......... 218	Pas d'opérations avec l'étranger.
1887	Français......... 302	Français......... 515	

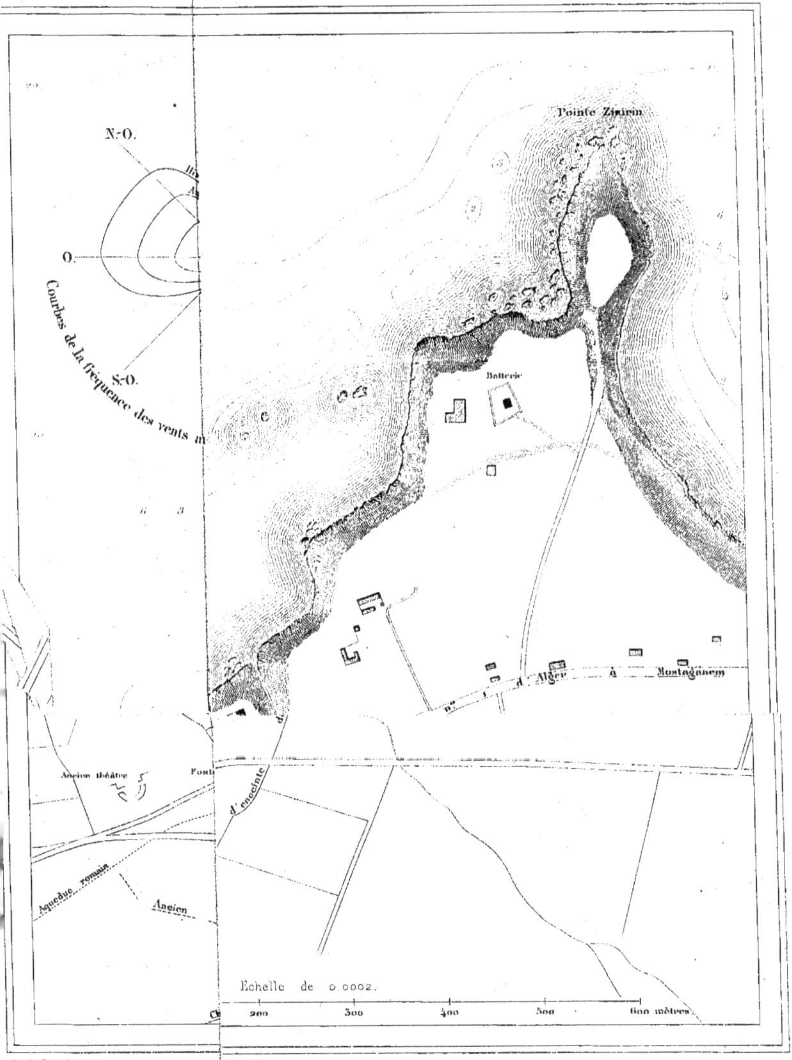

Pointe Zizirin

N.-O.

O.

S.-O.

Courbes de la fréquence des vents

Batterie

d' Alger à Mostaganem

Ancien théâtre

Aqueduc romain

Ancien

d' enceinte

Echelle de 0,0002.

200 300 400 500 600 mètres

Paris. Imp. Saraxin.

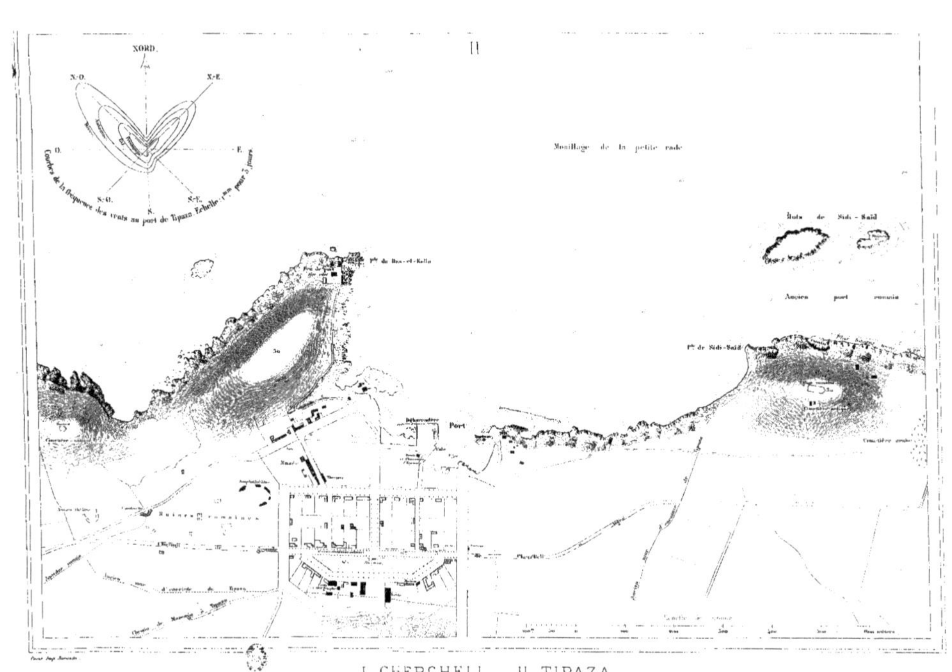

I. CHERCHELL _II. TIPAZA

1889.

NORD.
N-O.
N-E.
O.
E.
S-O.
S-E.
S
Courbes de la fréquence des vents au port de Cherchell
Presqu'île de Joinville
Port
Pointe Rouge
Champ de Manœuvre

www.ingramcontent.com/pod-product-compliance
Ingram Content Group UK Ltd.
Pitfield, Milton Keynes, MK11 3LW, UK
UKHW020429230726
13925UKWH00004B/1659

9 782013 579063